FRANCISCO VIDAL

DE FUENTE A FUENTE Y TIRO PORQUE DESBORDA LA CORRIENTE

COR AD COR
didaskalos

Imagen de portada: Cristo en la gloria derramando su sangre, dibujada por Isabel Arias

Autor: © Francisco Vidal

Impreso en España. Printed in Spain
Depósito legal: M-24668-2025
ISBN: 978-84-19431-66-0

Impresión y encuadernación:
  Editorial Didaskalos
  Valdesquí 16, Madrid 28023

Índice

De Fuente a fuente

Cuántas tardes en familia jugando a la Oca. Qué alegría nos daba cuando caíamos en la casilla de la oca, pues *de oca a oca y tiro porque me toca*. Pero la alegría era mayúscula si caías en la casilla del puente, pues *de puente a puente y tiro porque me lleva la corriente*.

Este librillo que tienes entre tus manos no son unas instrucciones del juego de la oca. Pretende ser una ayuda para la vida interior. Sí, hay que mirar hacia dentro para descubrir que Dios quiere convertirnos en surtidor, en fuente. Para que Él lo pueda hacer tenemos que acudir a Él, que es la fuente misma.

Esta es la imagen protagonista de estas letras: la fuente. Acercarse a Dios es acercarse a la Fuente de la Vida.

Por eso, ¡de Fuente a fuente y tiro porque desborda la corriente! En esta vida puedo tirar, seguir jugando, seguir viviendo, porque hay una fuente que desborda en Cristo y quiere también desbordar en mí.

Lo propio de esa fuente es desbordar, rebosar… Los Discípulos de los Corazones de Jesús y María compartimos la práctica de rezar ante el Santísimo Sacramento unas letanías al Sagrado Corazón de Jesús, en las que pedimos al Padre: «Oh, Padre, que en el Corazón de tu Hijo, formado en el seno de María, nos revelaste cuánto nos amas y nos hiciste capaces de responder a tu amor, haz que siga manando sobre nosotros el agua de su costado y que desde nosotros rebose como fuente para muchos, por el mismo Jesucristo nuestro Señor».

Solo si sigue manando sobre nosotros el agua de su costado podemos acoger en don del amor y podemos responder con amor. Diría el refranero español que «amor con amor se paga». Pero aquí no se trata de pagar, sino de rebosar. El amor de Dios que mana del costado abierto de Cristo nos baña, nos inunda, nos llena hasta rebosar en nosotros y, así, nos convierte en una fuente para muchos, para todos los que quieran beber de esa fuente inagotable.

¡Qué gran regalo! Dios nos quiere rebosantes porque solo así podemos vivir la vida con la alegría de darnos a los demás. De la Fuente, que es Cristo, a mi corazón que es fuente. Ese es el camino que queremos recorrer juntos para reconocer que vivimos porque rebosamos. Vivimos porque nos hacen rebosar.

Sí, *de Fuente a fuente y tiro porque desborda la corriente*. No se trata de una rima más o menos bonita, ni de una regla de un juego de mesa. Se trata de un programa de vida. Vivir así: de Fuente a fuente…

Fuente real

Recuerdo en una convivencia con jóvenes que llegado a un momento uno dijo: "Padre, vamos a hacer un *BeReal* póngase", cosa que no tenía ni idea de lo que significaba. "Una foto de este momento para subirla a las redes". Luego supe que es una aplicación de redes sociales para compartir fotos que promueve la autenticidad, o eso dice, al enviar una notificación diaria a los usuarios para que tomen y publiquen una foto en dos minutos, sin filtros ni ediciones.

Bueno, pues no es tan original lo del *BeReal*, pues salvando las distancias, este dibujo de la portada es un *BeReal* que nos manda Cristo desde su gloria.

Se trata de una adaptación de un dibujo italiano del siglo XVII, que se encuentra en el museo del Prado, y que sirvió de apunte para la decoración de la capilla del bautismo en la basílica de San Pedro. Lleva por título: *Cristo en la gloria derramando su Sangre.*

La fuente de su costado no se abrió hace dos mil años como algo anecdótico o como un hecho histórico. Sino que se abrió y todavía no se ha cerrado. Así sigue Cristo en la gloria, derramando su sangre.

La fuente de su costado sigue brotando para empapar al que se deja redimir por Él y así convertirse en fuente para otros. ¡La Redención es un don desbordante! Por eso hemos pintado en color azul, pues el dibujo consistía en un apunte, el agua que brota del costado de Cristo para que se visualice bien el desbordar de la fuente.

No hemos elegido para portada del libro una imagen del costado abierto de Cristo en la Cruz, que hubiera sido lo lógico, de hecho, fue la idea inicial. Sino esa instantánea gloriosa, pues este dibujo representa a Jesús en la gloria, en brazos del Padre y a la sombra de las alas del Espíritu Santo. Consiste en una escena presente. Hoy Cristo está así en el cielo rebosante para nosotros.

Lo profesamos en el Credo: fue crucificado y al tercer día Resucitó. El Corazón de Jesús al ser traspasado no dejó de latir. Porque ha resucitado sigue latiendo, sigue manando. ¡Jesús está vivo! ¡Es real!

En este *BeReal*, no aparece Jesús sólo. Si la imagen la vemos de abajo a arriba entenderemos la lógica. De mis manos paso al agua azul; de ahí al costado abierto de Jesús; de éste al costado del Padre. Un Padre que está con los brazos abiertos porque: *Tanto ha amado Dios al mundo que le entregó a su Hijo Unigénito, para que todo el que crea en Él tenga vida eterna* (Jn 3, 16).

Además, hemos elegido este dibujo porque sintetiza muy bien la lógica del libro que tienes entre tus manos.

Por un lado, este librito es un apunte que te ayude a tomar conciencia del Don recibido en el Bautismo. No consiste en un accesorio. Es un don que ha fundado nuestra vida y nos hace ser de un modo nuevo. Una gran novedad: soy Hijo de Dios.

Pero no está ya todo hecho. ¡Hay que dejarse llenar de esa fuente hasta rebosar! De ahí que nos acerquemos al Corazón de Cristo para que él modele nuestros afectos, nos enseñe a entregar la vida, nos haga uno en su amor y finalmente nos haga fuente de amor.

Fuente cordial

Comenzamos un camino dedicado a contemplar el corazón del Señor, el corazón de Cristo. Ya hemos dicho que Dios, el Señor, el redentor, tiene corazón. Y ese corazón es humano. Este camino nos conduce hasta la misma puerta del misterio de Dios. El costado de Cristo está abierto y podemos, entonces, descubrir qué es lo que hay en las entrañas más profundas de su corazón redentor.

Lo primero que descubrimos es que este corazón es como una fuente. Pero es una fuente muy especial pues esta fuente es inagotable: fuente inagotable de vida y de misericordia y, en definitiva, fuente inagotable del amor.

Entrar en el misterio del corazón de Cristo es entrar en el misterio de Dios como fuente, de la que brota el agua que da vida, el agua que purifica, el agua que vivifica y, sobre todo, y más importante, el agua que regenera; que nos da una vida nueva. El corazón de Cristo es una fuente de la que brotan los sacramentos, una fuente de la que brota el don del Espíritu que nos va a divinizar a través de estos sacramentos.

Comencemos por la primera fuente: el misterio de Dios Padre, la fuente del origen. Juan Pablo II en una poesía preciosa de su *Tríptico romano* habla del misterio de Dios como fuente, ese manantial inagotable: «Si quieres la fuente encontrar, tienes que ir arriba, contra la corriente. Empéñate, busca, no cedas. Sabes que ella tiene que estar aquí. ¿Dónde estás, fuente? ¡¿Dónde estás, fuente?!»

En segundo lugar, nos acercamos a Cristo fuente y a su invitación de ir a Él y beber de Él. Ir a él para transformarnos. Esta fuente es activa porque nosotros también estamos llamados a convertirnos en fuente.

Y no nos olvidamos de que ese camino a la fuente es camino eclesial. La Iglesia es la fuente de la gracia porque es la fuente de la que mana hoy el agua que nace del costado de Cristo.

En definitiva, nuestro camino consiste en acercarnos al misterio del corazón del Señor para descubrir la fuente donde tenemos que beber esa agua fresca, esa agua viva que da frescura a nuestra vida y que nos vivifica, nos regenera.

Hacer este camino es muy importante porque, a veces, pensamos que no tenemos solución. Una de las frases que hoy se repite mucho es: «es lo que hay», aludiendo a que ya no hay nada más, ni puede haber nada más. El misterio del corazón del Señor nos ayuda a entender que «es lo que hay» es una mirada pobre. El Señor nos dice que puede haber mucho más si le dejamos actuar en nosotros, si nos dejamos empapar por esta agua salvadora. Vamos, pues, a entrar en el misterio del corazón de Cristo para beber de esa fuente que nos regenera y que nos da la vida plena, la vida eterna, la vida nueva.

Fuente árbol

Contemplar el misterio del corazón de Cristo en la cruz, en el árbol de la cruz, nos evoca rápidamente a otro lugar: al árbol del Paraíso. Y, también tenemos que decirlo, a otro gran corazón, el del Padre. Del corazón de Cristo en la cruz podemos remontarnos al corazón del Padre en la creación.

Aquel árbol del bien y del mal y el árbol de la vida, en el centro del paraíso, son signos del gran corazón. San Juan Pablo II en el librito *Signo de contradicción*, que recoge los ejercicios que dio al Papa Pablo VI y a algunos cardenales, dice que lo que se contempla en los primeros libros del Génesis es el gran corazón, el gran corazón de Dios. Vemos que el motivo de la creación, el motivo de la alianza es la lógica del amor: «tanto amó Dios al mundo que entregó a su Hijo» y, así, el amor de Dios al mundo se convierte en la lógica de entrega con la que comienza la creación.

Podríamos decir que la creación es la primera palabra de amor que Dios Padre da al hombre. En la creación también se sella la alianza porque allí hay un pacto de Dios con el hombre. Todo esto nos lleva a reconocer cómo el Dios creador no es un demiurgo, no es simplemente el motor inmóvil que ha puesto en funcionamiento el mundo y se desentiende. No, detrás de todo esto hay un gran corazón; un Dios que ama y que ama profundamente al hombre y, por eso, no va a parar hasta que el hombre acoja la plenitud que le quiere dar.

Hay un plan de Dios, y esto es muy importante; Dios no hace las cosas por casualidad. Dios tiene las cosas muy bien pensadas, tiene un proyecto; y ese proyecto es el de la plenitud, es el de la grandeza de nuestra vida. Y esta grandeza comienza descubriéndose en la creación como ese don, ese regalo, que el Padre nos ha hecho a cada uno de nosotros por amor.

Decía Pascal que «el corazón tiene sus razones». También el corazón de Dios tiene sus razones y, ¿cuáles son las razones del corazón de Dios? Su amor, su entrega, ese anhelo de agrandar nuestra vida y ensanchar nuestros deseos y de darnos una plenitud. El pecado rompe esta lógica del amor del Creador porque dirige el amor hacia nosotros mismos. De ahí que, frente al primer mandamiento que es amar a Dios sobre todas las cosas, nuestra experiencia nos dice que nos amamos a nosotros mismos más que a todas las cosas y más que a las otras personas y, por eso, nos perdemos la grandeza de la vida.

Vamos a pedirle al Señor que nos manifieste en su corazón el corazón del Padre, porque en lo más profundo del corazón de Jesús hay un inmenso amor al Padre. Vamos a pedirle a Él que nos conceda profundizar en el misterio del corazón de Dios para acudir a esa fuente del amor, para entender que todo está hecho por amor y que a nosotros nos ha hecho para amar.

Que la Virgen María, cuyo corazón es tan parecido al de Cristo, nos conceda la gracia de aprender a amar.

Fuente luminosa

Estamos experimentando cómo desde el corazón de Cristo nos remontamos como si siguiéramos un río que va hacia el manantial desde donde brota la fuente de verdad. Así, nos remontamos al origen y vemos que desde el origen de la creación lo que contemplamos es ese gran corazón. Ese gran corazón de Dios es el origen de todo, ese gran corazón que crea porque ama y porque ama, crea, hace alianza y sale al encuentro del hombre. Por eso la imagen de la fuente, nos ayuda a entender el misterio del corazón de Dios.

San Juan de la Cruz tiene una poesía preciosa dedicada a Dios como fuente. En medio de su noche oscura dice «que bien sé yo la fuente que mana y corre, aunque es de noche» y sigue: «sé que no puede ser cosa tan bella que cielos y tierra beben de ella. Su claridad nunca es oscurecida y sé que toda luz de ella es venida». Para el santo, se trata de un cantar del alma que se goza de conocer a Dios por la fe.

Dios es la fuente de la belleza. Dios es la fuente de la luz. Ese gran corazón, el gran corazón de Dios, es el que hace emanar la belleza y el que hace nacer la luz. De ahí que en nosotros debe nacer una profunda gratitud. Gratitud a Dios por la belleza; ¡cuántas cosas bellas descubrimos en nuestra vida! Para empezar, la misma vida que viene de Dios. Dios es origen y es origen de todo don. El corazón de Dios como fuente nos permite entender que es la fuente de todo don; Dios es el dador, el que regala.

Si la creación es el primer regalo, ahora toda la historia del hombre y toda mi historia las puedo entender como una lista de regalos de Dios. Dios va regalando al hombre hasta que se regala a sí mismo. Para poder entender el misterio de Dios, o al menos atisbarlo, nos ayuda la imagen de la fuente y, por tanto, la realidad del don, la realidad del regalo. Dios se da en aquello que nos da. Por eso la creación tiene una dinámica de don, que, cuando la contemplo, descubro que hay alguien que se da y, por consiguiente, alguien que ha de recibir. La fuente de todo don, Dios, precisa ahora alguien que acoja ese don.

Sin embargo, Dios quiere regalarnos más cosas. Dios quiere dar dones continuamente y tenemos que aprender a saber acogerlos, pues somos los receptores de los dones de Dios.

Todo don, toda cosa buena, proviene de Dios. Como hemos dicho con esa poesía tan bonita de San Juan de la Cruz: la belleza de las criaturas proviene de Él. Pero también viene la luz: cuánta luz en nuestra vida nos ha permitido comprender la belleza de nuestra vida y la belleza de nuestra vocación. Si Dios es fuente, tenemos que acudir a la fuente del amor para beber y redescubrir la gratitud.

Hoy es un día para dar gracias a Dios por todos los dones que tenemos, por todos los regalos que nos ha dado y, sobre todo, darle gracias porque detrás de cada regalo está su gran corazón; ese amor del Padre hacia ti y hacia mí.

Fuente viva

En este deseo nuestro de acercarnos al misterio del corazón de Cristo y descubrir en él la fuente del corazón del Padre, estamos obligados a confrontarnos con nuestra experiencia, que es la misma que nos han ido transmitiendo los profetas a lo largo la historia de la Salvación y está contenida en la Sagrada Escritura.

Por eso, debemos preguntarnos: ¿cómo acogemos nosotros esta agua? El drama es que hay que acertar en esa recepción. El profeta Jeremías, hablando en nombre de Dios, presenta un lamento. Un lamento de dos cosas que, a juicio del profeta, ha hecho mal el pueblo. Pone en boca de Dios: «Mi pueblo ha cometido dos males: me abandonaron a mí, fuente de aguas vivas, y se cavaron aljibes, aljibes agrietados, que no retienen el agua» (Jer 2, 12-13).

De este modo, el profeta, hablando por boca del Señor, plantea un sinsentido: el hombre tiene sed y quiere beber, pero ha rechazado el agua viva que brota de la fuente que es el corazón de Dios. Y ¿cuál es el drama? El drama es que continúa teniendo sed y, al no acudir a beber de Dios, hace aljibes agrietados que no contienen el agua. Así revela el profeta el sinsentido del pecado, que, en esencia es buscar la plenitud sin Dios; un aljibe agrietado que no retiene el agua porque promete mucho pero no da nada.

En esto consiste la lógica del pecado. El pecado promete mucho pero no da nada. Dios, en cambio, da lo que promete; pero es verdad que hemos de acudir a él, porque el Señor pone en juego nuestra libertad. Cuando uno analiza su propia vida, se encuentra, muchas veces, construyendo aljibes agrietados y trazando planes de felicidad, para descubrir luego que por ahí no viene la dicha. Uno busca el gusto, el placer y la alegría por caminos al margen de Dios y al final se da cuenta de que todo esto le deja un vacío porque es un sinsentido. El pecado no solo es un vacío, sino que es una contradicción pues sabiendo dónde está la fuente la rechazamos y nos pensamos que somos capaces de darnos a nosotros mismos aquello que solo Dios puede dar.

Vamos a pedirle al Señor, con profunda fe, por medio de la Virgen, que nos conceda la gracia de desenmascarar nuestras miserias y darnos cuenta de que esos aljibes agrietados que nos buscamos no dan agua, es más, ¡pierden agua! En cambio, Dios es la fuente que no deja nunca de manar; solo nos pide que acudamos a ella.

Que la Virgen María nos conceda la gracia de acudir a ese corazón de Dios y rechazar la construcción de aljibes agrietados que no dan la felicidad.

Fuente para sedientos

Seguimos subiendo hacia la fuente del origen, que es ese gran corazón de Dios, y descubrimos cómo, en definitiva, ese inmenso corazón de Dios está manifestándonos al mismo Dios como Padre. El Padre es la fuente y cabe pararse en este camino de subida hacia la fuente y preguntarse: ¿para qué buscar la fuente? ¿Quién busca una fuente?

El profeta Isaías, en dos pasajes nos da pistas muy importantes para descubrir la necesidad de la fuente.

En el capítulo 55 nos hace una gran invitación. Al final de la segunda parte del libro, exclama el profeta: «Oíd, sedientos: venid a por agua».

Ciertamente, resulta más que evidente quién busca una fuente: el que tiene sed. Entonces, la pregunta por la fuente nos lleva a preguntarnos por nuestra propia sed. Y yo, ¿de qué tengo sed? Si quiero buscar la fuente, y la fuente es el Padre, ¿de qué tengo sed? La sed también tiene que ver con el deseo; ¿qué desea mi corazón?

La segunda cita, en Isaías 12, es una frase que en la liturgia se nos ha transmitido en forma de salmo responsorial. Esa invitación se convierte ahora en promesa. Suena de manera especial en la noche de Pascua. En la Vigilia Pascual cantamos: «Sacaréis aguas con gozo de las fuentes de la salvación».

¿De qué tiene sed mi corazón? Isaías dice: «Venid a mí a beber; sacaréis aguas con gozo de las fuentes de la salvación». Es decir, que el Padre, que es el origen, que es la fuente, es la fuente de la salvación. Pero, ¿qué es la salvación? Una vida plena, una vida grande, una vida feliz. Y, ahora, volvemos a la pregunta: ¿no es esto lo que desea mi corazón? ¿No es la plenitud de la vida, su grandeza, lo que anhelo en lo más profundo del corazón? ¿No estamos hechos para eso?

El profeta Isaías, por tanto, nos está diciendo que ese deseo tan profundo de tu corazón solo se puede saciar si vas a la única fuente capaz de salvar, la única capaz de dar plenitud: el Padre. Acudir a la verdadera fuente de la salvación concuerda con el deseo más profundo de nuestro corazón. Por tanto, este camino del corazón de Cristo de ir hacia el gran corazón del Padre, —el del origen, el del creador—, es el camino del hombre porque el deseo más profundo de nuestro corazón es la plenitud que es la salvación.

Resuenan una vez más aquellas palabras de Juan Pablo II a los jóvenes: «¿Tenéis sed de vida eterna?». Los jóvenes respondían con fuerza: «¡Sí!». Entonces les dice: «Pues buscadlas *no solo en quien da la vida si no en quien es la vida*. Jesús mismo es la fuente de la vida y, por eso, Jesús revela al Padre. Acudamos al misterio de Cristo, el único capaz de saciar el corazón del hombre».

Fuente de amor

En una de sus grandes obras, *La ciudad de Dios,* comienza San Agustín de Hipona comparando dos grandes ciudades cimentadas en dos amores muy distintos. Dice allí el santo de Hipona: «Dos amores fundaron dos ciudades, es, a saber, la terrena el amor propio hasta llegar al menosprecio de Dios, y la celestial el amor a Dios hasta llegar al desprecio de sí mismo». Ciertamente, para San Agustín no es lo mismo un amor que otro, no es lo mismo una ciudad que otra. Hay que descubrir el verdadero amor, hay que reconocer la verdad del amor.

Para ello nos ayuda de un modo singular Karol Wojtyla en una de sus obras de teatro que escribió siendo obispo y que tituló *El taller del orfebre*. Allí pone en labios de uno de los protagonistas unas palabras que nos pueden ayudar a entender lo que estamos viendo en estas letras, y, ojalá, también lo estemos descubriendo en nuestra oración: acercarnos a la fuente del amor.

Cristo revela al Padre y, a la vez, revela al hombre. Revela al hombre su ser hombre y también cómo dentro de sí brota una fuente ¿Qué tipo de fuente? Dice Karol Wojtyla en *El taller del orfebre*: «Amar significa brotar como una fuente de agua viva en lo más hondo del alma que convertida en llama o ascua no puede extinguirse jamás, no sientes la fuente, pero la llama te consume».

Necesitamos acudir a la fuente del amor porque el amor es decisivo en nuestra vida. ¡Qué importante es aprender a amar! ¿Y eso, por qué? Porque el amor funda la ciudad; el amor funda la vida. Por tanto, nos acercamos al misterio del corazón de Cristo sabiendo que nos acercamos al misterio de la fuente del amor, donde brota el verdadero amor.

Bebiendo de esta fuente hacemos que ese amor nos transforme también a nosotros y hace posible que nuestro amor humano se vaya poco a poco transformando en amor sobrenatural. Nos damos cuenta de la importancia del amor y por eso acudimos a la fuente del amor.

Así sucede en el corazón de Cristo. ¿Dónde contemplamos el corazón de Cristo? Recordemos los pasos dados hasta aquí: el gran corazón del Padre lo hemos contemplado en la creación ¿Dónde contemplamos ahora el corazón de Cristo? Lo contemplamos en la cruz. Es ahí, cuando el costado del Señor es traspasado por la lanza. En ese momento, nos dice San Juan, brotó sangre y agua.

El corazón de Cristo se convierte en una fuente. Juan Pablo II nos acaba de decir en su obra de teatro cómo esa fuente es la fuente del amor. Contemplar el misterio del crucificado con el corazón abierto del que brota el amor es lo decisivo en nuestra vida. Solo así podemos, bebiendo el amor, aprender a amar.

Vamos a pedírselo de un modo singular a nuestra madre la Virgen. Ella estuvo al pie de la cruz y contempló como nadie ese corazón abierto. Vamos a pedirle que nos ayude a entender la verdad del amor para que esa misma verdad construya nuestra vida.

Fuente palabra

La idea central en la que estamos profundizando —acudir a la fuente del corazón de Cristo como fuente de amor—, nos obliga a preguntarnos qué es el amor. Quizás hoy se habla mucho de amor, pero no siempre nos referimos a la misma realidad de amor cuando hablamos de él. Cuantas canciones, cuántos poemas nos hablan de amor, pero quizá el hombre de hoy entiende otra cosa por *amor*.

¿Qué es el amar? Santo Tomás de Aquino define amar como «querer el bien para el amado». Está dándonos una dimensión del amor interesantísima porque nos está diciendo que el amor nos saca de nosotros mismos.

El amor no es un sentimiento que nos reduce a nosotros o que nos lleva hacia lo más profundo de nosotros, sino que nos obliga a salir. Pone nuestros ojos en dos fines, en dos bienes, que son: el bien propio y la persona que quiero. En el fondo, nos hace reconocer que salimos de nosotros mismos y nos dirige a otro y, al querer a otro, quiero algo para él. ¿Dónde aprendemos a amar? Hemos visto también como en la cruz contemplamos esa fuente abierta del amor, porque la cruz se convierte, precisamente, en una escuela del amor.

San Pablo, en la primera carta a los corintios, tiene una expresión muy bonita. Para hablar de la cruz habla de *verbum crucis*, el lenguaje de la cruz. Porque desde la cruz se nos habla. Mejor dicho: ¡la cruz misma nos habla!

Contemplando la cruz aprendemos a dar un paso: hay que actuar; ese amor nos lleva a la acción. Del amor pasamos a amar, del sustantivo al verbo. Esto es crucial en nuestra vida porque no solo experimentamos el amor como algo que se expresa en palabras, sino como algo que se traduce en acciones.

El padre Alegre, fundador del Cottolengo, decía que el amor tenía que ser de obras más que de palabras. Retomaba así esa expresión tan bonita de San Ignacio de Loyola en la *Contemplación para alcanzar amor*, en la que dice que el amor hay que ponerlo más en las obras que en las palabras. Santa Teresa de Jesús tiene una expresión preciosa también en esta línea. Ella solía decir «amor en acción». El amor nos lleva a amar y así entonces entendemos que ahora el amor es capaz de construir nuestra vida, cimentarlo todo.

Podemos, entonces, concluir que un amor que me saca de mí mismo y que me lleva a darme es un amor que, como decía San Juan de la Cruz, ni cansa ni se cansa. Mientras que el amor egoísta es cansino, el amor verdadero ni cansa ni se cansa porque es generativo, porque da vida.

Estamos queriendo beber de esa fuente del amor para amar. Santa Teresa de Jesús decía que «amor saca amor». Que el misterio del corazón de Cristo, fuente de amor, nos lleve a convertirnos también a nosotros en fuente de amor para tantos y experimentemos, como estamos diciendo tantas veces, la grandeza de la vida. Que la Virgen María, madre del amor hermoso, nos enseñe la belleza del amor.

Fuente transformante

Con nuestro deseo de acercarnos a la fuente del corazón de Cristo para beber el agua viva que nos da su corazón, nos vamos a ir a Caná de Galilea. Allí, en aquel pueblo cercano al lago, vamos a contemplar a Jesús como fuente; pero una fuente tremendamente extraordinaria y singular, porque si lo normal de una fuente es que dé agua, lo que contemplamos en Caná es cómo Jesús transforma el agua en vino.

Los invitados a aquella boda se encontraron con un regalo enorme, no tenían vino y Jesús les regaló el mejor vino. Sin embargo, detrás de este milagro hay algo más. Para San Juan, que mira con ojo profundo y con visión teológica, detrás de este signo hay algo mucho más grande.

San Máximo, obispo, decía que lo que sucedió en Caná de Galilea, a través de esta fuente de cambiar el agua en vino, es reflejo de lo que sucede en cada uno de nosotros, en el cristiano. Dice que nosotros, antes del bautismo, somos como el agua; algo sencillo, algo diríamos simple, básico, agua fría. Pero cuando el Espíritu Santo, a través del bautismo, entra en nuestra vida, nos transforma y nos convierte en vino y vino vigoroso, vino fuerte.

El color rojo del vino manifiesta el vigor, la fortaleza. El cristiano, a través del bautismo, cuando nace del agua se transforma en vino, se transforma en algo vigoroso para dar testimonio en medio del mundo.

Esto es lo que sucede en nosotros: Jesús, a través de su agua como fuente, no solo sacia la sed de nuestro corazón, sino que, además, transforma aquello que empapa. ¡Nos transforma!

A nosotros nos sucede algo parecido a lo que ocurre con el vino respecto al paso del tiempo. Sabemos muy bien que el vino, dicen los entendidos, mejora con los años. Algo así sucede también en nuestra vida. El tiempo, para nosotros, se nos presenta como oportunidad de mejora. El tiempo es la posibilidad que Dios nos da para mejorar y para mejorar en sus manos, para mejorar dejándonos actuar.

Vamos hoy a pedirle al Señor que transforme nuestra vida. Los que hemos recibido el don del bautismo somos conscientes de que es una tarea que lleva tiempo. A veces, queremos que la transformación sea inmediata; estamos acostumbrados a lo inmediato y el Señor nos da el tiempo. Nos da el tiempo para dejarle actuar a Él; para que vaya haciendo la acción en nosotros. Pidámosle a la Virgen que el Señor, fuente de vida, transforme nuestra vida y que, de agua sencilla, nos conceda vino nuevo y sobreabundante.

Fuente de fe

En Caná de Galilea, en el primer milagro de Jesús, podemos aprender cómo situarnos ante nuestras carencias, nuestros defectos o, incluso, ante las cosas más frágiles de nuestra vida. Nuestras carencias manifiestan que somos débiles, que somos mendigos, que somos necesitados. Queremos acudir a esa fuente capaz de saciar nuestra vida porque experimentamos nuestro vacío y necesitamos ser llenados. En Caná de Galilea aprendemos cómo también las palabras de Jesús son fuente de vida y que la ayuda de la Virgen María es excepcional.

La Virgen María, cuando se da cuenta de que algo falta en aquella boda, da su gran lección:

«Haced lo que él os diga». María nos dirige a la fuente; nos señala dónde está la solución, en quién está la solución. Las palabras de Jesús, por tanto, se convierten para nosotros en fuente, en fuente de plenitud. Jesús nos va a marcar el camino de cómo ir, poco a poco, llenando nuestra existencia. El Señor nos transforma a través de su palabra. «Haced lo que él os diga» dice la Virgen.

Y, ¿qué dice Jesús? Lo que dice Jesús, es aparentemente muy sencillo, pero nos cuesta mucho. Jesús dice a los sirvientes que llenen las tinajas de agua, pero se tienen que fiar de Él, porque ellos quieren vino. ¿Cómo van a pasar el apuro de presentar agua si lo que necesitan es vino? Jesús les pide que se fíen y que lo que pueden hacer, lo hagan. Cierto que lo que pide es muy sencillo, —llenar esas tinajas de agua—, pero dejándose hacer por el Señor y fiándose de Él, Jesús va a demostrar cómo es capaz de hacer algo grande. Ellos hacen lo que tienen que hacer, lo que pueden hacer. Es verdad que es poco, pero lo hacen, y Jesús transforma.

Esta es la lógica de la vida, de la gracia en nosotros. «Haced lo que él os diga» nos dice la Virgen; acudid a la fuente en vuestras necesidades y cumplid la palabra del Señor. El Señor a veces nos pide cosas tan sencillas que nos parecen absurdas, pero lo único que nos pide es que nos fiemos él. Puede convertirse en fuente para nosotros; su palabra es fuente para nosotros si nos fiamos de él y nos dejamos hacer.

Hagamos lo que está en nuestras manos, aunque sea poco, aunque sea pobre, porque, entonces, Dios entrará en nuestras acciones y, así, las engrandece, las multiplica. El poder de la acción de Dios en nuestra vida es cada vez mayor cuando hacemos lo que tenemos que hacer. Como dijo el Señor en el evangelio: «Siervos inútiles somos, hemos hecho lo que teníamos que hacer». En palabras de Santa Teresa de Calcuta: «Sé siempre fiel en las cosas pequeñas, porque en ellas reside nuestra fuerza. Para Dios no hay nada pequeño. Nada disminuye. Para él todas las cosas son infinitas. Practica la fidelidad en las cosas más mínimas, no por su propia virtud, sino porque la cosa más grande es la voluntad de Dios —y que yo misma respeto infinitamente—. No busques actos espectaculares».

Que la Virgen María nos conceda la gracia de fiarnos del Señor, de fiarnos de su palabra y hacer lo que está en nuestras manos para que Él transforme nuestra acción en algo muchísimo más grande.

Fuente en el camino

Lo más opuesto a una zona con agua es una zona desértica. El pueblo de Israel, lo sabemos muy bien, tuvo esta experiencia del desierto durante cuarenta años. Estuvo andando por el desierto hasta la tierra prometida y, en este camino del desierto, en este camino de la sequedad, aparecieron dos realidades que suelen aparecer cuando uno está cansado: la queja y la murmuración.

Ante la dificultad del desierto, el pueblo de Israel se quejó por falta de agua y murmuró. Y el Señor, una vez más, les manifestó su gracia; manifestó su presencia con este signo extraordinario. Moisés golpeó la roca con su vara y de esa roca brotó una fuente de agua que sació la sed del pueblo. Además fue sobreabundante.

En este camino nuestro de acercarnos a la fuente de Dios, de acercarnos a la fuente del corazón de Cristo, aparece ante nosotros la fuente de Meribá. Allí sació Dios la sed y también, de algún modo, corrigió a los israelitas, pues tuvieron que aprender a guardar silencio ante la acción de Dios. Es el Señor que actúa, el Señor que se hace presente en medio de su pueblo.

La fuente que brota del costado abierto de Cristo es una fuente que, en el camino de nuestra vida, que tantas veces tiene forma de desierto, se presenta como un agua que alivia. Jesús alivia nuestro camino con su gracia; alivia, la frescura del agua, de la gracia que, en momentos de gran cansancio y calor, es un agua fresca. Así, la gracia es para nosotros como el agua fresca.

Y, en segundo lugar, esta gracia también nos coloca en nuestro sitio ante la queja, porque nos hace redescubrir que la solución a nuestros problemas, a nuestra miseria, no está en nosotros mismos.

La experiencia del desierto y la experiencia de esta fuente de agua viva que brota de la roca es para nosotros la experiencia de reconocer que nuestros límites no los cubrimos nosotros, y que tampoco llenamos los vacíos. Ante la miseria y ante la debilidad, en lugar de la queja, el camino más auténtico y eficaz es el de la confianza. Acudir al Señor que, una vez más, nos demuestra que no solo Él es capaz de darnos el agua, sino que solo Él es capaz de llenar nuestro corazón.

Así rezaba San Claudio de la Colombière en su acto de confianza en Dios. Confianza semejante jamás fue defraudada. Decía «"Nadie esperó en el Señor y quedó confundido" (Sir 2,11). Así que seguro estoy de ser eternamente bienaventurado, porque espero firmemente serlo, y porque eres Tú, Dios mío, de quien lo espero: "En Ti, Señor, he esperado; no quedaré avergonzado jamás" *(Sal 30,2; 70,1)*».

Vamos a pedirle a nuestra Madre la Virgen que en nuestro caminar por el desierto de la vida y cuando experimentemos calor y sequedad, acudamos al Señor no con queja sino con la confianza de que Él saciará nuestra vida.

Fuente don

Cuenta San Juan en su evangelio que Jesús, fatigado del camino, se sentó junto al pozo de Jacob situado en Sicar. Jesús se paró porque tenía sed; es la paradoja de Jesús. El Señor, fuente, se nos presenta sediento. Y allí, en este pozo, la sed de Jesús se va a encontrar con la sed de esta mujer que iba todos los días con un cántaro a sacar agua porque tenía sed, sed de agua. Sin embargo Jesús le va a manifestar cómo esa sed de agua está reflejando una sed más profunda: la sed del corazón.

¿Cómo saciar la sed del corazón? Saciamos la sed de agua yendo a beber ¿Cómo saciamos la sed del corazón? Lo primero que Jesús va a hacer es manifestar que está sediento diciéndole: «¡Dame de beber!» Le pide de beber y ella se extraña porque los judíos y los samaritanos no se hablan, pero Jesús le dice: «Si conocieras el don de Dios y quién es el que te pide de beber, le pedirías tú a él y él te daría agua viva». Jesús le está diciendo a esta mujer, como nos dice a cada uno de nosotros, que en realidad tenemos sed del agua viva y que nuestro corazón solo puede saciarse con esta agua viva que no da cualquier fuente. Solo hay una fuente que da el agua viva, y esa fuente es Cristo.

Solo Cristo es el que da el don de Dios. Ese don tiene un nombre: el Espíritu Santo. Por tanto, la sed del agua refleja la sed del deseo, del deseo de plenitud, de grandeza, el deseo de una vida colmada. Esto solo lo puede dar Dios con su Espíritu Santo.

La mujer tuvo que aprender que había una sed más profunda, la del corazón. Aprendamos también nosotros, por tanto, a descubrir que nuestro corazón está hecho para algo grande. Podríamos decir que nuestro corazón está hecho para el Espíritu Santo que es aquel que hace que nuestro corazón cobre sentido; hace que podamos vivir esa grandeza para la que hemos sido hechos y este es el don de Dios, pero necesitamos reconocerlo y necesitamos darnos cuenta de que tenemos sed de Él.

Vemos al Señor junto al pozo de nuestra vida, porque también el Señor se para hoy en el brocal no de un pozo cualquiera, sino en el brocal de tu vida y de mi vida. Quiere mostrarse sediento y que experimentemos nuestra propia sed.

La pregunta que nos podemos hacer es: ¿De qué tiene sed Dios? San Agustín dice que Jesús tiene sed de que le ames. Amando a Jesús reconocerás que en ti empieza a brotar ese don del espíritu, que te capacita para amar. Nos lo decía San Juan Pablo II cuando afirmaba que el hombre no puede vivir sin amor. Precisamente este amor tiene nombre de persona: el Espíritu Santo, que es el don que Dios nos quiere dar.

Vamos a pedirle a María que nos enseñe a recibir el don de Dios, el don del amor: el Espíritu Santo.

Fuente surtidor

Continuamos junto al pozo de Jacob y en este encuentro tan impresionante de Jesús con la Samaritana, hemos estado viendo cómo la fuente se presenta sedienta. Se manifiesta la fortaleza de Jesús que ofrece el agua y, a la vez, su debilidad. Parece que Jesús está invitando a esta mujer a confesar la doble naturaleza de su persona: Jesús hombre verdadero y Dios verdadero. Como Dios, ofrece el agua. Como hombre, se presenta sediento. De alguna manera, Cristo está siendo modelo para acercarnos a Dios y está haciendo el camino de cómo Dios se acerca al hombre.

En este encuentro de la sed de esa mujer con la sed de Jesús, el protagonista va a ser el agua, el agua viva: «Si conocieras el don de Dios y quién es el que te pide de beber le pedirías tú a él y él te daría agua viva». Jesús nos da un agua invisible, el Espíritu Santo, pero es un agua que al entrar en el creyente lo transforma y convierte en surtidor.

La Samaritana va a ver cómo en el diálogo con Jesús, la palabra del maestro va entrando en su corazón, va descifrando lo que hay en él y va a sacar sus deseos más profundos. Jesús ordenando su corazón lo va a transformar. Esta es una doble acción que Jesús, el Señor, hace en cada uno de nosotros a través de la gracia: ordena nuestro corazón, ordena los deseos y nos da fortaleza. Así transforma nuestro corazón.

Esto lo va haciendo el Espíritu Santo que va brotando en nosotros. Jesús le ha dicho a la Samaritana que si le pide de beber, él le daría el agua viva y ahora ella se convierte en fuente de agua viva para otros.

Sorprende ver cómo al final del pasaje dice San Juan que dejando el cántaro en el pozo se fue. Esta mujer que iba con el cántaro como signo de su sequedad, ahora lo deja allí en el pozo olvidado. Lo deja porque ya ha empezado a brotar en ella la gracia de Dios que nace del encuentro personal con el Señor.

Nosotros podemos descubrir en esto una gran esperanza: el Señor, que quiere darnos su agua, ha manifestado con claridad que quiere darnos el Espíritu Santo. Pero pide de nosotros un encuentro muy personal con él. ¿Dedicamos tiempo a la oración?, ¿dedicamos tiempo para beber de la fuente?, ¿dedicamos tiempo para cuidar los sacramentos?

Dios quiere darnos el agua, pero ha querido que para darnos el agua fuéramos a la fuente. No nos olvidemos de la fuente, porque pretender un agua que sacie el corazón sin acudir a la fuente es perder el tiempo. El Señor es generoso, el Señor nos va a dar el agua, pero hemos de acudir a Él, hemos de acudir al encuentro personal con Él.

Que este cántaro, que la Samaritana dejó olvidado en el pozo porque ya no lo necesitaba al brotar en ella otra agua, sea para nosotros signo de que, cuando el Señor entra en nuestra vida, la transforma y nos da la plenitud. Vayamos con el corazón deseoso de encontrarnos con esta gracia que el Señor nos quiere dar para cambiar nuestra vida.

Fuente vivificante

Después de la multiplicación de los panes y los peces dice el evangelio que querían proclamar a Jesús como rey. ¡Claro! Han tenido un signo tan extraordinario que se dicen: mejor que él para ser rey no tenemos otro. Pero dice el evangelista que Jesús se escabulle y se va al otro lado del lago para evitar que le nombren rey y aparece en la sinagoga de Cafarnaún.

Es allí donde les va a manifestar cuál es el verdadero significado del gesto que ha hecho, de la multiplicación de los panes y los peces. Habla de la Eucaristía y en la sinagoga pronuncia el discurso eucarístico que contiene esa frase tan espectacular: «El que no come mi carne y bebe mi sangre no tiene vida en él».

Jesús nos invita a beber su sangre. En este recorrido que estamos haciendo, acercándonos al corazón de Cristo como aquel que es la fuente, vemos que de Cristo fuente brota la sangre. La sangre para el judío tiene un valor importantísimo: en la sangre está la vida. Jesús está diciendo que el que no bebe su sangre no tiene vida en él porque la vida es Él. Jesús es la vida. Jesús mismo en la Última Cena se lo dijo a los discípulos al decir: «Yo soy el camino la verdad y la vida».

Hubo una costumbre en la iconografía del crucificado en España que consistía en representar junto a Jesús en la cruz un ángel con un cáliz recogiendo la sangre que caía del Señor. ¡No se puede perder esa sangre redentora! ¡No se puede perder tanta vida!

Recordemos, Jesús no solo nos da la vida, sino que Él es la vida. De ahí que beber su sangre, acercarnos a beber de la sangre de Jesús, es acercarnos a aprender a vivir. Sin Jesús no hay vida plenamente humana porque Jesús es la plenitud de la humanidad. Jesús no solo es Dios, es hombre verdadero. Jesús nos enseña a ser hombres, a vivir la vida humana.

Poncio Pilato, sin darse cuenta, cuando presentó a Jesús a los judíos antes de la crucifixión lo proclamó de una manera excepcional: «He ahí al hombre». En Jesús encontramos el modelo de la humanidad, encontramos el modelo y el camino para vivir la vida verdaderamente humana. Acercarse a beber de la sangre del Señor, acercarse a la eucaristía, nos ayuda a *cristificarnos* y a vivir nuestra vida de una manera totalmente nueva: vivir la misma vida de Cristo.

Pidámosle al Señor y a nuestra Madre, la Virgen, que nos concedan la gracia de acudir a la fuente de la vida para aprender a vivir. Y, sobre todo, para reconocer que solo en Él está la autenticidad de la vida verdaderamente humana. Con Cristo, nuestra vida cobra un sentido nuevo. Él nos lo conceda.

Fuente inagotable

Comer mi carne y beber mi sangre... Esto es lo que Jesús pide a aquellos que en la sinagoga de Cafarnaún le preguntan: ¿Qué hemos de hacer para realizar las obras que hace Dios? Jesús nos vincula en su persona.

Jesús es fuente que alimenta. Jesús es fuente que sacia. Por eso Jesús como fuente es tremendamente original porque es alimento y, a la vez, bebida que sacia. Es un alimento verdadero y al mismo tiempo sacia la sed, porque Jesús es cuerpo, es pan y es sangre, es vino. La Eucaristía es el misterio central de nuestra fe y, a través de ella, Jesús, como fuente, sacia el corazón de los creyentes.

En la sinagoga de Cafarnaún Jesús presenta la esencia de la vida cristiana. Consiste en vivir comiendo la carne de Jesús y bebiendo su sangre. La primera promesa que hace Jesús allí es precisamente habitar en Él: «El que come mi carne y bebe mi sangre habita en mí y yo en Él». Habitar en Jesús no solo es seguir a Jesús de lejos, sino que es habitar en Él a través de la Eucaristía. Jesús habita en nosotros, pero nosotros habitamos en Él porque nos transforma, nos diviniza, nos *cristifica*; nos transforma en otros cristos para el mundo.

Habitar en Él es una de las constantes que aparece en el Evangelio de San Juan. *Permaneced en mí, permanecer en el amor del Señor.* Lo dirá también cuando habla de la vid y los sarmientos: «Del mismo modo que los sarmientos no pueden vivir sin la vid, tampoco vosotros sin mí; no podéis hacer nada, permaneced en mi amor». Con la Eucaristía, Jesús nos promete habitar en Él y que Él habitará en nosotros.

En segundo lugar, Jesús nos promete que si comemos su carne y bebemos su sangre desaparecerán el hambre y la sed. «El que crea en mí no tendrá jamás hambre ni volverá a tener sed», dice el evangelio de San Juan.

Nuestra experiencia, como veíamos con la Samaritana, es que una y otra vez tenemos que acudir a sacar agua para beber y necesitamos el alimento para comer. Jesús nos ofrece un alimento que, sin dejar de ser alimento, nos ofrece mucho más que el simple alimento porque sacia el hambre y sacia la sed. En la multiplicación de los panes y los peces vimos cómo sobró más de lo que pusieron ellos; pusieron cinco panes y dos peces y sobraron doce cestos llenos, y dice el evangelista que quedaron saciados. También el que bebe la sangre de Jesús no vuelve a tener sed, porque Él sacia los deseos más profundos del corazón.

En tercer lugar, la promesa de Jesús no es una promesa temporal que dure poco; es una promesa que dura para siempre. En el libro de Susanna Tamaro, *Para Siempre*, cuando el esposo pregunta a la esposa si existe el *para siempre*, ella responde que «solo existe el *para siempre*». Jesús no nos ofrece un alimento momentáneo o una felicidad temporal; nos la ofrece eterna, «el que come mi carne y bebe mi sangre no morirá nunca», vivirá para siempre. Que la Virgen María, ella que fue la mujer eucarística porque se dejó inundar de la presencia de Dios y se dejó transformar por Él, nos conceda la gracia de ser almas profundamente eucarísticas.

Fuente imprescindible

Después de escuchar todo el discurso del pan
de vida en la sinagoga de Cafarnaún, después de que
Jesús escandalizara con sus palabras o, mejor dicho,
después de que aquellos habitantes de Cafarnaún se
escandalizaran por las palabras de Jesús porque les
invitaba a comerle y a beberle y ellos no entendían el
significado de aquellas palabras, los discípulos, dice
el evangelista, se fueron porque sus palabras eran du-
ras para sus oídos. Jesús, entonces, se da la vuelta,
mira a sus apóstoles y les dice: «¿También vosotros os
queréis marchar?» Pedro da un paso al frente y, mo-
vido por el amor y el cariño que le tiene al Señor, le

dice: «Señor, ¿a dónde vamos a ir? Tú tienes palabras de vida eterna».

Jesús es fuente para nosotros también con sus palabras. Las palabras de Jesús son fuente de vida. La palabra de Jesús, a diferencia de las otras palabras, es una palabra performativa, es decir, una palabra que nos transforma; es una palabra que tiene vida porque, como nos dirá San Juan, Él es la palabra. La palabra se hizo carne, Jesús es la palabra, su palabra es vida.

Pedro lo ha entendido, o por lo menos lo ha atisbado. Ha sido el Señor el que ha metido en su corazón estas palabras. Tantas veces Pedro dice cosas que no sabe, que no entiende y se convierte en altavoz de Dios: «Señor tú tienes palabras de vida eterna ¿a dónde vamos a acudir?». Tiene la experiencia de Jesús.

Decía San Antonio de Padua que la palabra tiene fuerza cuando va acompañada de las obras. Jesús ha realizado obras maravillosas y Pedro las ha visto, lleva unos años con Él y Pedro ha visto las obras de Dios. La fuerza de la palabra de Jesús viene de que va acompañada de las obras. Señor, Tú tienes palabras de vida eterna, y tu palabra no se la lleva el viento porque viene rubricada por tus obras, por tu acción.

Así fue también la experiencia de Josué en el Antiguo Testamento. Cuando ve que el pueblo se va detrás de otros dioses dice: «Mi casa y yo, serviremos al Señor; vosotros veréis qué hacéis».

Y tú, ¿a quién sirves? Es la pregunta que nos podemos hacer hoy. Mi familia, mi casa y yo, ¿a quién servimos? ¿A dioses que prometen mucho y no dan nada? ¿A ídolos? ¿O, verdaderamente, buscamos al Señor que es el único capaz de saciar porque su palabra es vida y tiene palabras de vida eterna?

Vamos a pedirle a nuestra Madre, la Virgen, que experimentó en primera persona cómo la palabra se encarnaba en ella, que nos conceda la gracia de decidirnos por servir al Señor. Que abandonemos los dioses extranjeros para buscar a Aquel que es el único capaz de saciar nuestra vida. Es lo que el pueblo reafirmó, una vez Josué les hizo esa invitación: «Mi casa y yo serviremos al Señor». Inmediatamente preguntaron: «¿Qué hemos de hacer ahora?» Y dijo Josué: «Abandonar a los dioses». Abandonar a los ídolos e ir solo a por aquel que sacia el corazón. ¡Hagamos nosotros lo mismo! Señor tú tienes palabras de vida eterna. Nosotros también queremos, como los apóstoles, estar contigo.

Fuente de misericordia

Jesús es fuente de misericordia porque el corazón de Cristo es un corazón abierto a la miseria. Hay dos pasajes del Evangelio que reflejan muy bien cómo Jesús es fuente de misericordia. Por un lado, cuando se encuentra con el ciego Bartimeo al que devuelve la vista; y, por otro, la mujer adúltera, a quien todos querían apedrear. Entonces, Jesús los interpela apelando a la propia miseria de cada uno: «El que esté limpio de pecado, que tire la primera piedra». Jesús, fuente de misericordia, es aquel que al ciego le da luz y que a la adúltera le da el perdón.

Jesús, fuente de misericordia, es fuente de luz y fuente de perdón. Esto es una gran esperanza para cada uno de nosotros. Cuántas veces experimentamos también nosotros la ceguera; nuestro pecado. Nuestra miseria nos impide ver. Vamos como ciegos por el camino, vamos tropezando, vamos cayendo. Necesitamos que el Señor nos devuelva la luz. Caemos y tropezamos por falta de luz, porque con los ojos cerrados por la tiniebla no podemos caminar.

Jesús, fuente de misericordia, es aquel que nos devuelve la luz. Pero también es fuente de perdón. Jesús no ignora el pecado; claro que se da cuenta de él. Jesús conoce nuestra miseria y nuestro pecado y no lo justifica, pero nos pide que lo reconozcamos. Y, sobre todo, lo que nos pide es que con nuestro pecado acudamos a Él porque es fuente de misericordia. Esa fuente de misericordia puede bañarnos si nosotros acudimos a él, solo si acudimos a Él.

Jesús es fuente de luz y fuente de misericordia, pero precisa que acudamos a Él. Si no nos dejamos tocar, como el ciego de nacimiento, no podemos recobrar la vista. Si no nos dejamos abrazar por Él con su perdón, Él no nos puede perdonar. Claro que nos quiere dar la luz, pero necesita que acudamos a Él. Claro que quiere darnos el perdón, pero necesita que acudamos a Él. Y, para ello, lo primero es reconocernos ciegos, reconocernos pecadores y, por tanto, necesitados de la absoluta misericordia del Señor.

Acerquémonos al corazón de Cristo, fuente de luz, fuente de perdón, y con gran humildad reconozcamos nuestras cegueras, reconozcamos nuestros pecados. Ahora, con gran alegría, con gran confianza, abrámonos a su gracia.

Cuando con humildad acudimos a Él, siempre da más. Jesús nunca se deja ganar en generosidad. Acudamos a esta fuente de luz y misericordia. Que la Virgen María, madre de la luz y madre de la misericordia, nos haga audaces para acudir al Señor.

Fuente entregada

Uno de los lugares donde se visibiliza de una manera extraordinaria el misterio del corazón de Cristo como fuente es en la Cruz. En el monte Calvario, en esa cruz erguida, de pie, el costado de Cristo es traspasado y, con este traspaso del corazón del Señor, empieza a manar una fuente que no solo es inagotable, sino que es una fuente que está continuamente abierta.

Se puede acceder siempre porque no deja nunca de manar. Brotan del costado abierto del Señor, dice San Juan, sangre y agua. Muchos significados a lo largo de la historia de la Tradición de la Iglesia han tenido esta sangre y agua. Algunos han visto el símbolo de la gracia, otros han visto el símbolo de los sacramentos.

Ya hemos visto que para los judíos, en la sangre está la vida; la sangre derramada es la vida que se entrega. En el costado abierto del Señor vemos cómo Cristo identifica el amor con la entrega. Amar es entregarse; y Cristo se entrega porque ama y ama entregándose. Para nosotros es una gran lección de vida porque nos cuesta identificar la entrega con el amor, porque a veces reducimos la experiencia del amor a una experiencia emotiva o a una experiencia puramente sentimental. Y pensamos que el amor es algo que o se siente o no se tiene.

El amor en la cruz no se sentía *bonito*, podríamos decir. En la cruz se da un amor de entrega radical. Dice el mismo evangelista San Juan, al comienzo del capítulo 13 de su evangelio, que Jesús, «habiendo amado a los suyos que estaban en el mundo, los amó hasta el extremo». El amor de la cruz es un amor hasta el extremo, que implica la entrega de la vida. Amar es entregarse.

La gran pregunta que nos podemos hacer hoy es, ¿yo me entrego? ¿Cómo reacciono ante el amor de Dios que se me da? ¿Cómo es mi entrega? ¿Me reservo? En el diccionario de nuestra vida hay una palabra que deberíamos borrar: la reserva, reservarse. A veces no arriesgamos porque es más cómodo vivir un amor líquido. El autor Bauman tiene un libro muy interesante y profético en el que nos habla del amor líquido, un amor que se amolda a las cosas. Frente a ello, nosotros hablamos de la solidez del amor y esto lo aprendemos en la Cruz.

Esa sangre que se derrama del costado abierto del Señor hace referencia al amor que se entrega, al amor que se da, al amor que no se guarda nada para así porque lo da todo como nos dirá en el capítulo 13 de la Carta a los corintios. «El amor es paciente, amable, no tiene envidia, no se reserva nada…». Es el amor del Señor.

Vamos a pedirle hoy a nuestra Madre, la Virgen, ella que contempló al pie de la cruz esa entrega de Cristo, que nos ayude a entregarnos en nuestro día a día, en nuestra vocación concreta, en nuestro trabajo. Que manifestemos el amor mediante la entrega.

Fuente templo

El profeta Ezequiel nos presenta un templo muy original. En el capítulo 47, el profeta nos presenta un templo convertido en fuente, porque nos dice que del costado derecho del templo brotaba un manantial, un río de agua viva con una doble misión: la de purificar y la de fecundar la tierra.

San Juan, el evangelista, retoma esta imagen en su evangelio porque para él, el cuerpo de Jesús es el verdadero templo. Juan, al pie de la cruz, realmente contempla cómo ese costado abierto del Señor es fuente que mana.

Junto con la sangre, brota agua, e identifica el cuerpo de Cristo en la cruz con el templo. Del costado de Cristo también brota el agua como ya había profetizado Ezequiel; es decir, el templo fuente es el cuerpo fuente de Jesús y ese es el corazón del Señor.

Del corazón del Señor brota esta agua que tiene un doble finalidad, por un lado, la de purificarnos y, por otro, la de fecundar la tierra, la de fecundar nuestra vida que es la tierra.

En primer lugar, nos purifica, nos limpia. El agua del costado de Cristo no solo sacia la sed, sino que es un agua que tiene que empaparnos, tiene que limpiarnos, lavarnos. Pongámonos debajo del costado de Cristo en la cruz para que esa agua nos purifique Y, ¿de qué nos tiene que purificar esa bendita agua? De todas nuestras inmundicias, de todas nuestras idolatrías, como dice el profeta Ezequiel. En definitiva, del pecado. El agua del costado de Cristo nos limpia del pecado. Así actúa en nosotros la gracia en el sacramento de la penitencia. Nos limpia y purifica, devolviéndonos la blancura y belleza de la creación que el Señor había puesto en nosotros.

En segundo lugar, esta agua es un agua que genera vida. ¿Qué aspectos de nuestra vida están muertos? Esos aspectos de nuestra vida que quizás estén yermos, bañados con esta agua que brota del costado de Cristo se transforman en vida. El agua del costado del Señor genera vida, allí por donde llega.

Vayamos a esta fuente deseando estas cosas: que el Señor nos purifique y nos fecunde. Que haga que nuestra vida sea verdaderamente humana, una vida plena. Esto es posible gracias a esa agua que riega nuestro corazón. Nuestro corazón se parece tantas veces a la tierra reseca, que necesita volver a coger ese vigor que le da el agua para que pueda fructificar y generar nueva vida.

Que la Virgen María, Madre de Cristo, que al pie de la cruz contempló brotar esa fuente, nos conceda la gracia de acercarnos con valentía a la fuente del costado del Señor para dejarnos purificar y fecundar.

Fuente torrente

Lo más sorprendente de Jesús como fuente no es que sea una fuente que no cesa de brotar agua; lo admirable es que, además, esta fuente, a aquel que bebe de ella, lo transforma en fuente. Esto es lo sorprendente y lo que os propongo meditar: cómo también nosotros, al beber de esa fuente que es el costado abierto del Señor, nos transformamos en fuente.

Dice el Señor en el evangelio de San Juan: «El que tenga sed venga a mí y beba el que crea en mí; como dice la escritura, "de su seno brotarán torrentes de agua viva"» Es decir, no es solo Jesús el que es fuente, sino que Jesús nos transforma a nosotros si bebemos de esa fuente en fuente para otros.

En otra ocasión, hemos visto cómo esa agua es el don del Espíritu. Del costado abierto de Jesús brota el Espíritu Santo y, ahora, resulta que nosotros, los creyentes, si acudimos a beber y, acudimos a Él porque creemos en Él, nos transformamos también en fuente de ese mismo Espíritu para otros.

Jesús cuenta con cada uno de nosotros para que su Espíritu Santo pueda llegar a otros. En definitiva, convertirnos en fuente significa participar de la misión de Cristo. Cumplir la misión de extender ese mismo Espíritu suyo de santidad y salvación para que otros puedan conocerlo. Esta fue la experiencia profunda de San Pablo, que experimentó cómo brotaba en su corazón el deseo de dar a conocer a Cristo: «Ay de mí si no evangelizara». Del mismo modo, para Santo Domingo de Guzmán, cuyo lema era *Contemplata aliis tradere*. Y es que al santo le nacía el deseo de dar a los demás lo que había contemplado en la oración.

Al contemplar el misterio del corazón abierto del Señor, al beber el don del agua viva que es el Espíritu Santo, nosotros también somos transformados en fuente. Así, eso que hemos contemplado, ese espíritu que hemos recibido, nos convierte en portadores del Espíritu para otros y ese mismo Espíritu Santo puede llegar a otros. Para que nos convirtamos en fuente de Espíritu Santo para tantas personas.

Y, así, ese Espíritu Santo puede hacer en otras personas lo que ya ha hecho en Cristo. En Cristo ha sucedido la plenitud, y esa misma plenitud puede suceder en ti y en mí si nos dejamos transformar por el Espíritu Santo. El Señor cuenta con nosotros. Es verdad que somos limitados, es verdad que somos pecadores, pero el Señor, que es Dios, cuenta con nuestra limitación y miseria. Si nos dejamos transformar nos convertirá en fuente de Espíritu para otros.

Que la Virgen María nos conceda la gracia de la humildad y la confianza para participar de la misma misión del Señor, y que esa grandeza de vida que el Señor nos ha dado a nosotros pueda llegar a tantos que también la necesitan.

Fuente fuego

Hemos visto cómo el Señor, invitándonos a beber en el capítulo séptimo de San Juan, nos dice que, bebiendo de él, nos transformamos en fuente para otros: «de su seno brotaran ríos de agua viva». El que crea en él y viva en él se transforma en fuente. Pero, ¿cómo actúa esa agua en nosotros para convertirnos en fuente?

San Juan Pablo II, en una catequesis explicaba que el agua viva es el Espíritu Santo. Él desarrolla en nosotros, los creyentes, todo el dinamismo de la gracia que da la vida nueva y las virtudes que traducen la vitalidad que trae el Señor en frutos de bondad. Y, sigue diciendo Juan Pablo II, este Espíritu Santo actúa también desde el seno del creyente, desde el interior de cada uno de nosotros como fuego. El fuego es otra imagen usada a menudo para hablar del Espíritu Santo.

El Espíritu Santo es agua y es fuego. San Juan Bautista nos dirá que el Señor nos transformará con Espíritu Santo y fuego. Por eso es muy interesante ver cómo el Espíritu Santo actúa como un fuego que enciende nuestro corazón y nuestros deseos. Tanto el agua como el fuego tienen la finalidad de purificar.

San Juan de la Cruz llamaba al Espíritu Santo *la llama de amor viva*: «¡Oh, llama de amor viva, que tiernamente hieres de mi alma en el más profundo centro! Pues ya no eres esquiva, acaba ya, si quieres; rompe la tela de este dulce encuentro», y «¡Oh, lámparas de fuego, en cuyos resplandores las profundas cavernas del sentido, que estaba oscuro y ciego, con extraños primores calor y luz dan junto a su querido!».

Así, por un lado, el agua genera en nosotros una fuente y, por otro, el fuego provoca el ardor. De este modo, nos hace redescubrir también cómo el Espíritu Santo genera en nosotros el don de la santidad. El

Señor lo que quiere de nosotros es que seamos santos. Y, ¿qué es la santidad? ¿Dónde se juega? La santidad es la perfección del amor; nosotros somos santos si vivimos del amor, si vivimos desde el amor y vivimos amando.

Si el amor es la entrega, el fuego del Espíritu es el que genera en nosotros esa capacidad de entregarnos y de amar. Convertirnos en fuente para los demás es redescubrir en nosotros la vocación tan preciosa que el Señor nos ha dado: la vocación a la santidad. El Señor quiere que seamos santos, y quiere que seamos santos amando. No hay cosa peor en la vida que no amar. No ser amado es un drama, pero no amar es una cosa tremenda. Por eso, qué importante es que, dejándonos hacer por el Señor, busquemos la fuente de la santidad que está en Cristo.

Vamos a pedirle a nuestra madre, la Virgen, que nos haga santos: ¡Madre, haznos santos! Y de la mano de San Juan de la Cruz reconozcamos: «¡Cuán manso y amoroso recuerdas en mi seno donde secretamente solo moras, y en tu aspirar sabroso de bien y gloria lleno cuán delicadamente me enamoras!»

Fuente luz

La tarde en que Santa Margarita María de Alacoque estaba orando en su convento ante la Eucaristía y se le apareció Jesús, nació la devoción al corazón de Cristo.

Lo que allí sucedió fue —cuenta ella en su autobiografía— que Jesús se le presentó mostrándole sus llagas: las llagas de las manos, del costado y de los pies. Esas llagas, en palabras de Santa Margarita, estaban convertidas en fuente de luz como grandes bolas de fuego. Jesús le mostró una bola de fuego más grande todavía, la del corazón, y le dijo: «He ahí este corazón que tanto ha amado a los hombres y en cambio solo ha recibido ingratitud».

La fuente de fuego que brota del costado abierto del Señor es signo de su amor. Sin embargo, solo ha recibido ingratitud, y eso hace brotar en Margarita el deseo de reparar el corazón de Jesús, el deseo de amar. Si muchos no te aman, yo te voy a amar. Así, ella se convierte en fuente de amor. Esta fuente de fuego que brota del costado del Señor transforma a Santa Margarita en una fuente de fuego, del ardor del amor y ahora ella con sus acciones, con sus prácticas va a reparar el corazón del Señor.

Cuando uno rompe algo tiene que repararlo ¿verdad? Y, nosotros, ante tantas faltas de amor que han ofendido al Señor, ¿qué hacemos? Podemos hacer de nuestra vida una continua reparación: reparar al Señor por las faltas de amor. Y, ¿cómo lo puedo hacer? Proponiéndome un plan de vida en el que todas mis prácticas sean para demostrarle al Señor que le quiero. Realizar mi trabajo bien hecho.

Cuando no tenga ganas de hacerlo, cuando sienta pereza; por amor a ti, Señor, lo haré. Cuando me cueste una relación con una persona porque el trato con ella es difícil; por amor a ti, Señor, lo haré. Cuando tenga pereza y no quiera salir de mí mismo en mi matrimonio; por amor a ti, Señor, lo haré. Cuando me cueste entender a mi hijo o mi hijo no me entienda a mí; por amor a ti, Señor, lo haré. Que en todas nuestras acciones busquemos reparar al corazón de Jesús.

Dicen de San Francisco de Asís que iba gritando por el monte: «¡El amor no es amado! ¡El amor no es amado!». Que la fuente del amor, que es Cristo, encienda en nosotros ese deseo de amarle con mayor fuerza. Que busquemos en todo lo que hagamos expresarle al Señor amor y gratitud porque Él, por mucho que nosotros nos hemos empeñado, nunca ha dejado de amarnos.

«¿Quién podrá apartarnos del amor de Dios?», se preguntaba San Pablo. Nada ni nadie hará que Cristo deje de amarnos. Que ese gran amor de Dios nos lleve a amarle con todo nuestro corazón.

Fuente de benevolencia

Llegados a este punto de nuestras meditaciones cabe preguntarnos: ¿Tengo sed? La invitación que el Señor hace en el evangelio que nos está sirviendo como guía en estas mediaciones acerca de la fuente, «el que tenga sed venga a mí y beba el que cree en mí», nos interpela a cada uno de nosotros. Aunque parece que es una invitación que se dirige a todo hombre, si nos fijamos bien, en el fondo, se dirige solo a aquellos que tengan sed; «el que tenga sed venga a mí y beba».

De algún modo, Jesús nos invita sin forzar, como diciendo, si no tienes sed de mí no vengas. Pero navega hacia lo más profundo de tu corazón y allí descubrirás cómo en el corazón sí que brota una gran sed, una sed que es interior. En el fondo, es una sed que hace referencia al deseo intenso del corazón.

Ante esa sed, dice San Agustín: «Si tienes sed ven a beber» pero «no vengas andando sino amando, no vengas con los pies sino con los afectos». Dado que se trata de una sed especial, el modo de acercamiento a esta sed ha de ser también especial. Viviendo de esta sed a la que me acerco no andando sino amando, me transformo en fuente para otros.

Pero, San Agustín también se pregunta: ¿De qué me convierto yo en fuente? Si yo me he convertido en una fuente, ¿qué mana de mí hacia los demás? Dice él «cuando yo me acerco a beber de la fuente, que es Cristo, brota en mi corazón la fuente de la benevolencia». Lo más importante no es saciarme yo, quedar satisfecho, pues «el que busca beber de esa fuente para saciarse solo él no se convierte en fuente». Solo se convierte en fuente aquel que al saciarse de esa fuente, esa saciedad redunda en beneficio de los demás porque busca el bien del otro. Al convertirme en fuente, en el fondo, el Señor está transformándome, está generando en mí un movimiento interior que me lleva a buscar el bien del otro, a buscar el bien de los demás y, así, me convierto en fuente de amor para otros. Por eso, a esta fuente me acerco amando y no andando, me acerco con los afectos y no con los pies.

El primer paso que tendremos que dar es reconocer esos afectos, reconocer nuestros propios amores. Cuando descubramos que hay amores que están desordenados, que hay amores en nuestra vida que no funcionan, pidámosle al Señor que purifique nuestros deseos y amores para que estén bien dirigidos hacia el fin para el que ha sido creado.

Vamos a pedirle a nuestra madre, la Virgen, que de la mano de San Agustín ordenemos el amor: «Ama para ver; lo que vas a ver no es algo de poco precio, no es algo que se lo lleva el viento; verás a aquel que hizo cuanto amas. Y si las cosas son hermosas, ¿cómo será quien las hizo? Dios no quiere que ames la tierra, no quiere que ames el cielo, es decir, las cosas que ves, sino a Él mismo a quien no ves. El no verle no durará por siempre si tampoco dura por siempre el no amarle. Ámale cuando está ausente, para disfrutar de Él cuando se haga presente. Ten deseo del que vas a poseer, de quien vas a abrazar».

Fuente sobreabundante

El pasaje de San Juan que venimos comentando nos ha descubierto que, bebiendo de Cristo, nosotros también nos convertimos en fuente. Además, nos muestra una idea muy enriquecedora al presentarnos la lógica de Dios. Dice Jesús en este evangelio: «El que tenga sed venga a mí y beba el que crea en mí; como dice la Escritura: "de su seno manarán ríos de agua viva"». Es interesante porque habla el plural: no dice río, dice ríos. Esto es signo de la sobreabundancia de Dios porque lo propio de Dios es sobreabundar. Esta es una constante que aparece en el evangelio.

Cuando los apóstoles están en la barca pescando y Jesús se acerca después de toda la noche sin que

hayan conseguido nada, y les dice que echen las redes a la derecha, ellos no podían levantar las redes de
la cantidad de peces que habían pescado; sobreabundancia de peces.

Lo mismo les ocurrió después de la resurrección. Después de toda la noche sin pescar nada, se
fían de Jesús, y las redes no las podían casi ni mover
de la cantidad de peces que había. Dice San Juan que
pescaron ciento cincuenta y tres peces, que era signo
de las ciento cincuenta y tres especies de peces que
había reconocidas en aquella época en el lago, o sea,
que lo pescaron todo.

Lo mismo sucede también en la multiplicación
de los panes y los peces; sobra más de lo que habían
puesto. Pusieron cinco panes y dos peces y, después
de que quedaron saciados, sobró más de lo que habían puesto: doce cestos llenos, hasta arriba.

La misma lógica aparece en Caná de Galilea
cuando llenan las tinajas de agua y Jesús convierte el
agua en vino. Eran seis tinajas de cien litros cada una.
La sobreabundancia de Dios; seiscientos litros de vino.

Y ahora dice que, de nuestro seno, de nuestro
interior, de nuestras entrañas, si bebemos de Cristo,

brotarán ríos de agua viva. He ahí la sobreabundancia de Dios. Es sobreabundante con cada uno de nosotros. Dios, podríamos decir, no es rácano. Dios da, y da tanto porque en todo lo que da, se da Él mismo.

Dios siempre da más. Pemán, en *El divino impaciente* nos regala un diálogo entre San Francisco Javier y San Ignacio de Loyola que no tiene desperdicio:

> Javier: —¿*Me quieres, pues, apartado de todo?* *¿Pides, quizás, que deje hacienda y estado?... Me pides demasiado....*

> Ignacio: —¡*Yo te ofrezco mucho más!... Cuando el aplauso te aclama, ya piensas que estás llegando a tu más alto destino. ¿No ves que el tuyo es divino y que así te estás quedando a la mitad del camino? ¡Deja ya esos devaneos que te anublan la verdad y te acortan los deseos! ¿Por qué andar con regateos con la Generosidad?*

Aprendamos de la generosidad de Dios y convirtámonos, bebiendo de esta fuente, en fuente de agua viva, en ríos de agua viva sobreabundante. Señor, te pedimos que seamos generosos, que nos entreguemos y así manifestemos al mundo tu sobreabundancia.

Fuente activa

Estamos llamados por vocación a manifestar a Cristo en nuestra vida. Esto es lo que significa ser cristiano. Consiste en vivir según Cristo. San Gregorio de Nisa, en una de sus homilías, dice que hay tres cosas que manifiestan la vida de un cristiano: el modo de hablar, el modo de pensar y el modo de actuar.

De las tres cuestiones, la primera en importancia es el pensamiento, porque el modo de pensar se traduce en un modo de hablar y, luego, esas palabras se convierten en un modo de obrar, en un modo de actuar. Estas tres cuestiones —pensar, hablar y actuar— manifiestan lo que es la vida de cristiano.

Existe una práctica sacramental que lo refleja: cuando nos persignamos en la Santa Misa al proclamar el evangelio. Hacemos la señal de la cruz tres veces en nuestra carne: en la cabeza, sobre nuestros pensamientos; en la boca, sobre nuestras palabras; y tocamos el corazón para bendecir nuestras acciones porque ahí se dan los deseos y los deseos son los que nos llevan, los que nos mueven a actuar. Sabemos que lo afectivo es lo efectivo. Lo que llevamos en el corazón es lo que nos mueve a actuar.

Esta triple señal de la cruz manifiesta lo que es la vida de cristiano: pensar, hablar y actuar. Si todas ellas están dirigidas a Cristo. En esto consiste la clave de la vida cristiana. Entonces podemos hacernos una pregunta: ¿Tienden a Cristo nuestros pensamientos, nuestras acciones y nuestras obras o nos apartan de Él?

Porque puede ser que nuestro modo de pensar no sea cristiano, nuestro modo de hablar no sea cristiano y nuestro modo de actuar tampoco. ¿Cómo sabemos si es son cristianas nuestras palabras, nuestros pensamientos y nuestras obras? Hay un criterio: si son limpios, si están libres de afectos desordenados y si nos dirigen a la plenitud que nos trae Jesús. Y esto lo sabemos si nos acercamos a Cristo, que es la fuente. Porque, como estamos viendo, Él es fuente de un agua pura, de un agua incorrupta, de un agua que genera vida. Es un agua viva y, como sabemos muy bien esa agua pura, esa agua limpia es el Espíritu Santo.

El Señor nos da su Espíritu para que podamos vivir la vida cristiana. Su agua, que es el Espíritu Santo, se transforma en nosotros en un motor de acciones. Cuando bebemos esa agua que brota del costado abierto de Cristo, que es el don de su Espíritu Santo, nuestros pensamientos son según Cristo porque son movidos por el Espíritu; así nuestros pensamientos, acciones y palabras. Y, entonces, entendemos nuestra vida como una vida espiritual, porque es una vida movida por el Espíritu que, como venimos diciendo, se convierte en motor de todas nuestras acciones.

Vamos a pedirle hoy a nuestra madre, la Virgen, la mujer dócil al Espíritu por excelencia, que nos conceda la gracia de saber acoger el Espíritu Santo como un motor para que nuestra vida sea cristiana, es decir, verdaderamente según Cristo, que tienda a Cristo.

Fuente recreadora

«En ti está la fuente viva y tu luz nos hace ver la luz» (Sal 35,9). San Buenaventura, comentando esta frase de los salmos, nos ayuda a acercarnos al misterio del corazón de Cristo como fuente de luz y de vida y nos lanza a ese corazón diciendo: «Corre con vivo deseo a esta fuente de vida y de luz quienquiera que seas, ¡oh, alma amante de Dios! y con toda la fuerza del corazón exclama: ¡Vida que vivifica a toda vida, luz que ilumina a toda luz y conservas en perpetuo resplandor millares de luces que desde la primera aurora fulguran ante el trono de tu divinidad! De ti procede el río que alegra a la ciudad de Dios. Recrea con el agua de este deseable torrente los resecos labios de los sedientos de amor, para que con voz de regocijo y gratitud te cantemos himnos de alabanza, probando por experiencia que en ti está la fuente de la vida y tu luz nos hace ver la luz».

La fuente del costado de Cristo es fuente de agua viva, es fuente de vida y es fuente de luz. Es creación y es recreación. El agua, como estamos viendo continuamente, tiene un papel muy importante en la Sagrada Escritura. En el momento del diluvio, Dios lo que hace con Noé a través de esa agua del diluvio es regenerar toda la creación. Por eso con Noé vemos la nueva creación.

Esto lo hace el Señor con cada uno de nosotros a través de los sacramentos. La fuente del costado abierto de Cristo en la cruz es la fuente de los sacramentos. De ahí que la pila bautismal se convierte en una auténtica fuente. Es la fuente de vida y la fuente de la luz. En el bautismo, nosotros podemos decir como el salmista «en ti está la fuente viva y tu luz nos hace ver la luz». Lo que brota de la fuente del bautismo, lo que brota de la pila bautismal, es esa capacidad que nos permite vivir una vida nueva y, a la vez, tener una luz que nos permite reconocer la grandeza de la vida. De la pila bautismal brota la vida y brota la luz; se nos da una vida, pues morimos para un nacer a la vida nueva. Además, se nos quita la ceguera que nos impide ver las realidades humanas con la fe y así, en definitiva, podemos ver que detrás de la realidad humana hay una grandeza de vida que engendra el mismo Cristo.

La liturgia lo expresa de una manera muy bella en la oración de bendición del agua antes del bautismo: «Mira ahora a tu Iglesia en oración y abre para ella la fuente del bautismo. Que esta agua reciba, por la obra del Espíritu Santo, la gracia de tu Unigénito, para que el hombre, creado a tu imagen y limpio en el bautismo, muera al hombre viejo y renazca, como niño, a nueva vida por el agua y el Espíritu».

Vamos a pedirle hoy a nuestra Madre, la Virgen, ella que es la madre de la vida y la madre de la luz, que nos conceda la gracia de acercarnos corriendo, como decía San Buenaventura en ese texto tan bonito que acabamos de leer, a esa fuente. Sabemos dónde está la fuente de la vida y sabemos dónde está la fuente de la luz. Por eso, no nos quedemos parados, vayamos corriendo, buscando la gracia que nos viene de los sacramentos. No lo olvidemos: ¡la vida cristiana no es sentimental sino sacramental!

Fuente de sangre

Hay una iglesia preciosa en París, la Iglesia de Saint-Étienne-du-Mont, que tiene en el claustro unas vidrieras bellísimas y una de ellas es muy curiosa porque aparece Cristo en un lagar del que salen siete chorros. Allí, Cristo es prensado en el lagar, y de su sangre salen estos siete caños. Una vez más, Cristo convertido en fuente. Y de esa fuente se van llenando unas tinajas desde las que se reparte la sangre de Cristo a los siete sacramentos.

Cristo fuente. Una fuente especial de sangre que es la fuente de la redención, que se distribuye a través de los siete sacramentos a toda la humanidad.

Algunos de los Padres de la Iglesia llamaban así a la sangre del Señor: *Sanguis Cristi Flumen Misericordie*; la sangre de Cristo río de misericordia.

Este es el río de los sacramentos, el río de la misericordia del Señor que brota del costado traspasado de Cristo. En su pasión, muerte y resurrección es prensado en el lagar, y ahora esta sangre nos llega a nosotros a través de los sacramentos.

Decía el Papa Francisco en su encíclica sobre la fe, *Lumen Fidei*, que el modo en que Cristo nos toca y el modo en que nosotros tocamos a Dios es a través de los sacramentos. Estos son para nosotros fuente de la redención que, comenzando por el bautismo y siguiendo con los otros seis, el Señor va transmitiendo. Son la fuente de la misericordia, la fuente de la gracia que hace grande y bella nuestra vida.

Sanguis Cristi Flumen Misericordie. Nos permite comparar la fuente con el río, un río inagotable que tiene, como decíamos, los siete caños que son los siete sacramentos.

En la película de Mel Gibson, *La Pasión*, hay una escena muy bonita en la que aparece la Virgen María después de la Flagelación recogiendo con su velo la sangre de Cristo derramada por el suelo. En la sangre de Cristo está la vida, y esta sangre no se puede perder. No le importa el qué dirán. No le importa hacer el ridículo. No le importa que la tachen de loca cuando la vean en el suelo recogiendo lo que otros han bañado de manera bestial. Lo que a Ella le importa es que no se pierda nada de la gracia, que la salvación lleque a todos los hombres. No solo no se puede perder, sino que se debe acoger. Nosotros acogemos esta sangre a través de la gracia de los sacramentos.

Pidamos de un modo singular a nuestra Madre, la Virgen, que nos conceda la gracia de acoger la misericordia de Dios, la gracia de Dios que nos viene a través de la sangre y a través de los sacramentos.

Madre, concédenos acoger la gracia de la fuente de la misericordia del Señor. *Sanguis Cristi Flumen Misericordie.*

Fuente bautismal

Cuentan que a San Juan Pablo II le preguntaron una vez que de todos los regalos que había recibido durante su pontificado cuál había sido el mejor (porque al Papa mucha gente que le va a ver le lleva algunos regalos especiales y él también regala). El Papa, sin tomarse mucho tiempo para pensar, contestó: «El regalo más grande que he recibido ha sido el don del bautismo». Además, nos dejó aquella imagen tan bonita cuando visitó por primera vez siendo pontífice su pueblo natal y al entrar vio la pila bautismal, se arrodilló, rezo y la besó. Decía que esa pila había sido la fuente de la salvación. A través de esa pila bautismal recibió la fuente de la gracia.

Quizá hoy sea un día propicio para dar gracias al Señor por el don de nuestro bautismo. La fuente de la misericordia, que acabamos de ver que también es la fuente de la gracia, nos viene a través de esta fuente física que es una pila, la pila bautismal. No solo es la fuente de la gracia, sino que también es una fuente que nos da una vida nueva porque nos hace nacer a la vida eterna.

El día de nuestro bautismo, a nuestros padres, cuando nos presentaron a la Iglesia y se les preguntó qué pedían para su hijo, se les dio la posibilidad de responder tres cosas: *el bautismo, el Espíritu Santo o la vida eterna.* Estas tres realidades brotan de esta fuente. El bautismo que nos hace hijos de Dios; la vida eterna que ya empieza a brotar dentro de nosotros, la vida de la gracia, y el Espíritu Santo que es aquel que hace posible esta acción. Así, este sacramento se convierte en la puerta para todos los sacramentos.

Y, junto a nuestros padres, nuestros padrinos se comprometieron a educarnos en el camino de la fe. Por eso, junto a la gratitud por el don del bautismo, fuente de gracia, es bueno también que demos gracias a Dios por nuestros padres. Ellos nos acercaron a este don tan maravilloso. Asimismo, debemos agradecer

el don de nuestros padrinos, que nos han acompaña-
do en el camino de la fe.

La fuente del agua bautismal es la fuente del don
del Espíritu. El mismo que después, en la confirmación, recibiremos como plenitud para corroborar la fe
que recibimos en el don del bautismo. La fuente del
bautismo, la pila bautismal, es la fuente de la fe que
nos hace crecer en gracia.

En la Vigilia Pascual, durante la bendición del
agua bautismal, el sacerdote introduce en la pila
bautismal el cirio pascual, que representa a Cristo,
mientras dice: «Te pedimos, Señor, que el poder del
Espíritu Santo, por tu Hijo, descienda sobre el agua
de esta fuente —y, teniendo el cirio en el agua, pro-
sigue— para que todos los sepultados con Cristo en
su muerte, por el bautismo, resuciten con Él a la vida.
Por Jesucristo nuestro Señor».

María nos enseñe a acoger el don del Espíritu
con la misma disponibilidad que lo hizo ella para poder morir y resucitar con Cristo a la vida verdadera.

Fuente ungida

Para entender el sacramento de la Confirmación, fuente de unción espiritual para cada uno de nosotros, tenemos que acercarnos al misterio del bautismo de Jesús. Lo que para Jesús fue su bautismo es equiparable a lo que para nosotros es el don de la confirmación.

Para Jesús, el bautismo no fue lo mismo que para nosotros. A nosotros el bautismo nos libró del pecado original; a Jesús no le libró del pecado original porque no tenía. Es Dios y no hay cosa más incompatible con la divinidad que el pecado. A Jesús el bautismo no le borró el pecado. Entonces, ¿qué le

hizo a Jesús el bautismo? Su bautismo fue la unción
para la misión. El Padre, a través de la gracia del Espíritu Santo, ungió la carne, el cuerpo de Jesús. Así,
comenzó su vida pública. Con la unción del Espíritu
comienza la vida pública de Jesús.

El Espíritu Santo, a través de esa unción de la
carne de Jesús, hace que adquiera una fuerza especial para la misión. A nosotros, el don del bautismo
nos hizo hijos de Dios y así se inicia la acción del
Espíritu Santo en cada uno nosotros. El Espíritu
Santo va trabajando nuestra carne, pero lo que sucede el día de nuestra confirmación es que el Espíritu
Santo confirma la fe que se nos dio en el bautismo y
somos ungidos con el santo crisma para la misión.
Eso es lo que sucedió a Jesús el día de su bautismo
en el Jordán.

Esto mismo es lo que sucede en nosotros en el
sacramento de la Confirmación. Si el pecado original se nos borró en el bautismo y entró en nosotros
la gracia del Espíritu, que va forjando poco a poco
nuestra carne, ahora, a través de la unción del Espíritu que recibimos en la confirmación, se convierte en
una carne preparada para dar testimonio. Quedamos
preparados para anunciar el Evangelio, para nuestra

vida pública de fe, para anunciar con nuestra vida la belleza y la grandeza de la fe cristiana.

Con la confirmación comienza de una manera especial lo que es dar testimonio, ser testigos; nuestra misión. Recibimos una misión en la Iglesia. Por el sacramento del bautismo hemos sido hechos hijos de Dios y ahora, a través de la confirmación, somos hechos testigos, somos hechos misioneros.

El don de la confirmación viene a fortalecer estos sacramentos de la iniciación cristiana y nos transforman en testigos en medio del mundo. Esto lo hace el Espíritu Santo, de ahí que la confirmación sea fuente de unción, fuente de testimonio y fuente de gracia.

Vamos a pedirle a la Virgen María el don de saber agradecer la unción, pues también nosotros somos ungidos (y esto es lo que significa la palabra cristiano) como Cristo, que es el Ungido. Nosotros somos como Él, ungidos para la misión.

Fuente de inmortalidad

Decía San Ignacio de Antioquía que la Eucaristía era alimento de inmortalidad y medicina de Dios. Los grandes documentos de la historia de la Iglesia y del magisterio han definido la Eucaristía como fuente y cumbre de la vida cristiana.

Una vez hemos visto el bautismo y la confirmación como fuente, vamos a acercarnos a la fuente de la Eucaristía que viene a dar plenitud a la iniciación cristiana. Si el bautismo nos introduce en la fuente de la gracia, la Eucaristía viene a plenificar esa gracia porque, al comulgar a Cristo, Cristo nos transforma en Él, nos hace como Él. Nos asimila a Él.

Los griegos y los antiguos buscaban y se preguntaban por el alimento de inmortalidad. También cuántas películas, cuánta literatura ha tratado este deseo del hombre de buscar la inmortalidad, de ser como dioses.

Ya el primer pecado, en el libro del Génesis, fue precisamente esto. La serpiente muestra a Adán y Eva que en su corazón estaba inscrito ese deseo de plenitud y grandeza. El problema fue que el demonio echó la culpa a Dios, pues quiso hacerles ver que la prohibición de comer del árbol era reflejo de que Dios ahoga los deseos. Les dice: «Si coméis del árbol, bien sabe Dios que seréis como dioses». Adán y Eva querían ser como dioses sin Dios.

La Eucaristía es precisamente lo contrario. Con la Eucaristía, Cristo da plenitud al deseo del hombre, porque ese deseo que hay dentro de nosotros de ser como dioses lo alcanzamos en la Eucaristía. La Eucaristía es fuente de inmortalidad porque, al comulgar, nos convertimos en Cristo. Si comer transforma lo que comemos en nosotros, al comulgar, al comer a Cristo, sucede lo contrario. Como decía San Agustín: «Cristo nos asimila a Él y ahora nos convertimos en Él».

La Eucaristía es fuente de inmortalidad, es fuente de divinización, porque esta acción que el Espíritu

Santo hizo como inicio en el bautismo, la van rubri-
cando, en cada eucaristía. Cada vez que comulgamos
nos parecemos más a Cristo. Cada vez que comulgamos en gracia, y a través de la gracia que hemos
adquirido en el sacramento de la confesión, Cristo
nos va cristificando, nos va transformando. Podríamos decir que Cristo, Eucaristía a Eucaristía, nos va
inundando con su gracia hasta desbordarnos.

Vamos a pedirle a la Virgen María, mujer eucarística por excelencia porque hizo de su vida una
eucaristía, y se dejó transformar por el Señor, que nos
conceda también a nosotros la gracia de, Eucaristía
a Eucaristía, domingo a domingo, o día a día, según
vivamos la Eucaristía, que el Señor nos pueda transformar en Cristo, en eucaristía para el mundo. Siga-
mos la invitación de San Juan Pablo II: «Mirándola
a ella conocemos la fuerza trasformadora que tiene
la Eucaristía. En ella vemos el mundo renovado por
el amor. Al contemplarla asunta al cielo en alma y
cuerpo vemos un resquicio del "cielo nuevo" y de la
"tierra nueva" que se abrirán ante nuestros ojos con
la segunda venida de Cristo. La Eucaristía es ya aquí,
en la tierra, su prenda y, en cierto modo, su anticipa-
ción: "*Veni, Domine Iesu!*" (Ap 22, 20)». (*Ecclesia de
Eucharistia*).

Fuente de perdón

Terminamos con una última mirada al corazón de Cristo: el corazón es el órgano central del organismo humano de Cristo. Al mismo tiempo, el verdadero símbolo de su vida interior, del pensamiento, de la voluntad y de los sentimientos.

San Juan Pablo II decía que «mediante el corazón, la humanidad de Cristo es, de modo particular, el templo de Dios. Y, a la vez, mediante este corazón, la humanidad de Cristo está incesantemente abierta hacia el hombre y hacia todo aquello que es humano».

La letanía, *Corazón de Jesús de cuya plenitud todos hemos recibido*, esconde el misterio, el secreto de la fuente que brota del corazón de Cristo y es la plenitud. De esta plenitud todos hemos recibido gracias tras gracia.

Hemos ido viendo cómo esta plenitud la hemos recibido en los sacramentos, y terminamos acercándonos al corazón de Cristo descubriendo que nuestra Madre, la Iglesia, también es para nosotros una fuente, una fuente de gracia.

En el colegio *Stella Maris* de La Gavia, en Madrid, la fuente bautismal, la pila bautismal, está justo a la entrada del templo y al lado de los confesionarios. Esto es así porque el sacramento de la penitencia es ese sacramento que nos permite recuperar la gracia; esa gracia que, como hemos dicho tantas, veces brota del corazón del Señor; esa plenitud que brota de Cristo.

Hemos visto los sacramentos de iniciación cristiana y como culmen, la Eucaristía. Cuántas veces en nuestro camino nos damos cuenta de que la gracia bautismal la perdemos por el pecado. El Señor nos ha concedido en el sacramento de la penitencia poder renovar, reparar y volver a adquirir esa gracia del bautismo que por el pecado perdemos.

Vamos a pedirle hoy a nuestra madre, la Virgen, que nos conceda la gracia de la humildad. Jesús dice en el evangelio de San Mateo: «Venid a mí los que estáis cansados y agobiados y yo os aliviaré, aprended de mí que soy manso y humilde de corazón».

Puede ayudarnos para remarcar y vivir la vinculación entre estos dos sacramentos santiguarnos con el agua bendita justo después de acercarnos a la confesión. Así manifestamos que la gracia del bautismo que perdimos por el pecado la recuperamos por el perdón, fruto de la confesión arrepentida de nuestros pecados.

Le pedimos la humildad necesaria para reconocer nuestro pecado y para así volver a saborear la gracia del Espíritu, volver a saborear la frescura de la fe.

Fuente de salvación

La providencia me llevó con un grupo de jóvenes a Algemesí, Valencia, tras las inundaciones de la Dana. El párroco nos pidió ayuda para limpiar un antiguo convento cisterciense dedicado a la Virgen: *Fons Salutis*.

María, *fuente de la salvación*. Pala a pala fuimos quitando el barro hasta volver a ver la sepultura de las Beatas mártires de Algemesí que durante la persecución religiosa de 1936 en España dieron testimonio de la fe y que estaban enterradas en el suelo de aquella Iglesia. Paradójicamente, aquella agua enfangada y estancada impedía ver lo que había debajo, pero estaba, aunque no se veía. La tumba de las beatas era una fuente que seguía rebosando gracias, aunque ahora estaba oculta por el barro. ¡Qué impresión descubrir aquella lápida que protegía reliquias! ¿De dónde habían bebido ellas? Una y otra vez volvía a la mente: *Fons Salutis*. Las mártires eran fuente…

¡Cuánto fango! ¿No era así en mi vida? ¿No tengo yo oculta la fuente por culpa del barro? Hay que conseguir que esta fuente se vea de nuevo.

En otro lugar, también de vida contemplativa, el Monasterio de la Encarnación de Escalona, Toledo, encontramos en su retablo inmaculista dos emblemas marianos que asocian a María con el agua: *Puteus aquarum* (Pozo de aguas vivas) y *Fons signatus* (Fuente sellada).

Detrás de estos títulos subyace la aplicación a la Madre de Dios del versículo del Cantar de los Cantares cuando el amado habla de la amada como fuente sellada (Ct 4,14). A medida que uno va leyendo este capítulo del Cantar va viendo más paralelismos con María. En el versículo 15, el autor sagrado dice que de esta fuente cerrada sale un agua que riega multitud de jardines, y en el primer versículo del capítulo 5, dice que el amado invita a sus amigos a saciarse y a calmar su sed con la belleza y la virtud de su amada.

María es *Puteus aquarum*. San Alonso de Orozco comenta este título mariano y afirma que «si alguno quiere saber de dónde le viene a María el raudal para ser fuente de los huertos y pozo de aguas vivas, pondere las palabras siguientes y note que todas las aguas, esto es, las virtudes y dones de la Virgen, dimanan del monte Líbano, procedieron de aquel monte que es llamado candor y claridad de la luz eterna».

María es *Fons signatus*. Este título, en cambio, nos habla de la hermosura de María, la cual procede de no tener pecado original. Así su belleza es completa por su Inmaculada Concepción. San Bruno denominaba a María: *Fons signatus sigillo totius Trinitate*. De esta manera se remarca que María, como fuente de gracia, fue consagrada con los sellos más divinos de toda la Trinidad.

Hay, por tanto, una estrecha vinculación entre la imagen de Jesús, fuente de agua viva, y María, pozo de aguas vivas que proceden de Dios. De ahí que invoquemos a María como *Fons Salutis*.

¡Santa María, de tu mano siempre de Fuente a fuente y tiro porque desborda la corriente!

Apéndice

Propuesta discipular de letanías del *Cor Iesu* para rezar durante la adoración del Santísimo (se puede rezar una o varias de las siguientes cuatro series).

I

Corazón de Jesús, alegre porque Dios se revela a los pequeños... *¡modela nuestros afectos!*

Tú, asombrado por la fe del centurión...

Tú, que miraste y amaste al joven rico...

Tú, lleno de celo por la casa de Dios...

Tú, conmovido ante el pecado de Jerusalén...

Tú, que lloraste la muerte de Lázaro...

Tú, que deseaste ardientemente darnos tu cuerpo...

Tú, que alabaste a María por seguir la voluntad de Dios...

II.

Corazón de Jesús, que te alimentas de la voluntad del Padre... *¡enséñanos a entregar la vida por los amigos!*

Tú, que rogaste por la fe de Pedro...

Tú, que buscaste compañía en el Huerto...

Tú, que bebiste el cáliz de tu Padre...

Tú, que tomas sobre los hombros a la oveja perdida...

Tú, que esperaste el Reino para el buen ladrón...

Tú, que me amaste y te entregaste por mí...

Tú, que asociaste a María a tus sufrimientos...

III

Corazón de Jesús, traspasado por la lanza... *¡haznos fuente de amor!*

Tú, de donde mana el bautismo que nos regenera...

Tú, que te repartes en la Eucaristía...

Tú, por cuya herida entró la mano de Tomás...

Tú, que preguntaste a Pedro tres veces si te amaba...

Tú, que estás a la puerta y llamas, para cenar con nosotros...

Tú, que me conoces y me llamas por mi nombre...

Tú, formado en el seno virginal de María...

IV

Corazón de Jesús, enamorado de tu esposa la Iglesia... *¡haznos uno en tu amor!*

Tú, de donde extraen gratitud los hijos...

Tú, donde cultivan su fidelidad los esposos...

Tú, donde mana el perdón en las familias...

Tú, a quien siguen corporalmente los religiosos...

Tú, que nos regalas sacerdotes tuyos...

Tú, que haces de tus fieles un solo corazón...

Tú, que nos entregaste a tu Madre bajo la cruz...

Oración: Oh, Padre, que, en el Corazón de tu Hijo, formado en el seno de María, nos revelaste cuánto nos amas y nos hiciste capaces de responder a tu amor, haz que siga manando sobre nosotros el agua de su costado y que desde nosotros rebose como fuente de vida para muchos, por el mismo Jesucristo, nuestro Señor.

Últimos títulos publicados

(www.editorialdidaskalos.org)

Suscríbase en nuestra web para recibir las mejores promociones

Didaskalos Cor ad Cor

Didaskalos Pedagogía